Saint-Marc Girardin

Controverse sur la Question d'Orient

Histoire

ISBN : 978-1984250117

10 9 8 7 6 5 4 3 2 1

Saint-Marc Girardin

Controverse sur la Question d'Orient

Histoire

Table de Matières

Introduction

La conversation que je viens d'entendre, et dont je veux rendre compte au public, n'est pas la conversation de quelque grand diplomate ou de quelque guerrier illustre, c'est tout simplement la conversation de tout le monde expliquée et interprétée par les cent et quelques brochures que j'ai lues depuis deux ou trois mois sur la question d'Orient. Parmi ces brochures, dont je cite quelques-unes en tête de cette étude, il y en a d'excellentes, celle par exemple de M. de Tchihatchef, intitulée *Nouvelle phase de la question d'Orient*; il n'y en a aucune où l'on ne trouve quelques réflexions ingénieuses, quelque appréciation juste de l'état des choses. Après avoir lu ces brochures, j'ai tâché de me rendre compte de ce que j'en avais retenu, de m'en faire un court résumé, non pas que je veuille mettre dans ce résumé un ordre et une méthode que ne comporte guère l'inévitable contradiction de ces écrits. Je veux seulement chercher quelle est l'idée générale que le public se fait de l'état de la question d'Orient et examiner les divers dénouements qui sont proposés. Je fais une enquête et non un système. Il y a d'abord un point sur lequel toutes ces brochures s'accordent : l'empire turc est mort, irréparablement mort, et il n'y a plus que la diplomatie qui s'obstine encore à le traiter de vivant. Il faut même rendre cette justice à la diplomatie européenne : il est impossible de jouer avec plus d'aplomb et plus de sérieux cette comédie du mort vivant. Nous avons eu dernièrement une des meilleures représentations de ce genre dans les protocoles du 3 août 1860, relatifs aux massacres de Syrie. On sait le cri de douleur et d'indignation qu'a jeté la France entière en apprenant ces massacres. Le gouvernement français a entendu ce cri, et il a envoyé nos soldats pour sauver ce qui restait encore parmi les victimes, pour punir les bourreaux; mais il a voulu que nos soldats partissent avec l'approbation de l'Europe. Cette approbation de l'Europe s'est changée en consentement du sultan. Il y a plus, « s'il faut envoyer en Syrie de nouvelles troupes, les puissances européennes s'entendront avec le sultan pour désigner celui des états européens, » tous vassaux sans doute du sultan, « qui enverra ses soldats. Le commandant en chef de l'expédition ne fera rien sans l'assentiment du commissaire extraordinaire de la Porte. » Comment les Orientaux ne croiraient-ils pas, d'après cela, à la vassalité de l'Europe envers le sultan? Je reconnais encore un coup que la comédie est bien jouée, et que le sultan a l'air d'un souverain vivant et agissant; mais, de bonne foi, qui attrape-t-on?

En Europe, on n'attrape personne; en Orient, c'est tout différent. On se prête, sans le vouloir, à la crédulité vaniteuse des Orientaux. L'Orient n'a pas d'historien, il n'a que des conteurs; il n'a pas de journaux, il n'a que des légendes. Dans la légende contemporaine, la guerre de Crimée n'est pas un secours politique donné par l'Europe à la Turquie contre la Russie; c'est un acte de vassalité accompli par l'Europe envers son suzerain. L'Europe devait ses soldats au sultan : elle a rempli son devoir. La révolte de l'Inde est une expédition des musulmans de l'Inde jusqu'à Londres, qu'ils ont détruit; mais le sultan s'est souvenu que la reine Victoria lui avait fidèlement payé son tribut pendant la guerre de Crimée, et lui a rendu son trône ! Voilà l'histoire de la Turquie et de l'Europe pour les Orientaux, et si par hasard il y a en Orient quelque esprit fort qui doute de cette histoire, on peut lui lire le premier protocole du 3 août 1860. Il verra bien que les cinq grandes puissances européennes sont les vassales du sultan, qui se sert à volonté de leurs troupes, et qui désigne celle qui aura l'honneur de lui prêter ses troupes la première.

Quel mal, dira-t-on, fait cette crédulité orientale? Pourquoi ne pas vouloir laisser aux Orientaux l'illusion qui leur cache leur décadence ? — L'illusion les égare et les pousse à tous les maux et même aux crimes. Se croyant forts et ne croyant qu'à la force, ils se regardent comme supérieurs au monde entier, et ils regardent les chrétiens comme faits pour être leurs esclaves, comme des êtres sur lesquels ils peuvent se passer toutes leurs fantaisies de cruauté et de débauche. S'ils se croyaient faibles, ils seraient modestes; ils contiendraient leurs passions. La peur les rendrait sages; la crédulité vaniteuse en fait des tyrans et des bourreaux. Voilà le danger des illusions que l'Europe laisse complaisamment à l'Orient.

L'autre caractère général des écrits que je viens de lire est l'esprit d'ambition ou d'annexion. M. Benjamin Constant appelait cela de son temps l'esprit de conquête et d'usurpation. Pendant plus de trente ans, les brochures en France traitaient surtout les questions de liberté intérieure. Il s'agissait de la liberté électorale, ou de la liberté de la presse, ou de la liberté individuelle [1]. Nous

nous occupons maintenant de l'Europe et des diverses annexions que les forts peuvent faire aux dépens des faibles. Une fièvre d'annexion s'est emparée de tout le monde. En 1848, on voulait reconstituer la société française; on veut aujourd'hui refaire la carte de l'Europe. Il y a douze ans, c'étaient les idées qu'on voulait remanier; aujourd'hui, ce sont les territoires. Voici l'auteur de la brochure intitulée *la Syrie et l'alliance russe* qui propose une alliance franco-russe et prussienne dont le résultat serait de donner Constantinople à la Russie, la rive gauche du Rhin à la France, et la prépondérance en Allemagne à la Prusse [2], c'est-à-dire que cette alliance est une belle et bonne complicité d'action pour prendre aux faibles et pour donner aux forts. On ne s'allie plus pour conserver ce qu'on a, mais pour usurper ce qu'on convoite. Le caractère dominant de la nouvelle politique que je vois prévaloir, non pas seulement dans les événements, mais dans les esprits, c'est le dédain du faible et l'extermination des petits. Nous assistons à la Saint-Barthélémy des petits états en Italie, et on nous propose d'en faire une en Allemagne au profit de la Prusse. Autre différence essentielle entre l'esprit d'il y a trente ans et l'esprit d'aujourd'hui : l'Europe libérale et parlementaire a créé plusieurs petits états, la Grèce, la Belgique, par exemple. L'Europe guerrière et conquérante est en train de supprimer le plus de petits états qu'elle pourra. On dit que c'est pour faire de grandes unités nationales, et ces grandes unités nationales espèrent sans doute qu'elles seront en même temps des unités libérales. Je n'en crois rien. Elles seront de grands empires centralisés, qui rivaliseront entre eux non de liberté, mais d'autorité, non d'institutions libérales, mais d'institutions militaires. La consigne remplace la discussion. La dictature remplace la monarchie limitée, ou la monarchie elle-même se fait dictature. L'individu s'efface et s'éclipse devant l'état. Le grand-prêtre de l'unité italienne, M. Mazzini, ne peut plus vivre comme un simple citoyen à Naples, parce que son individualité gêne, dit-on, l'unité de l'état italien. Il n'y a plus que l'Angleterre où ce n'est pas un paradoxe de dire que le meilleur gouvernement est celui qui assure le mieux la liberté de chaque citoyen. Partout ailleurs le meilleur gouvernement est celui qui sacrifie le plus lestement les individus à l'état.

Je pourrais citer de grands exemples de cette haine ou de cet oubli de l'indépendance individuelle qui est le caractère distinctif de l'esprit de notre temps; j'aime mieux en prendre un tout petit, presque comique, quoiqu'un peu tyrannique, tout récent, quoique inaperçu. Je lisais dernièrement que les propriétaires du rond-point des Champs-Elysées seront tenus d'avoir de petits jardins devant leurs maisons, tous distribués et décorés de la même manière ; ils seront obligés d'entretenir ces jardins de fleurs de chaque saison, et, s'ils ne se conforment pas à ces prescriptions de l'administration, ils pourront être expropriés pour cause d'utilité publique. J'ai voté autrefois, je m'en souviens, la loi pour régler la procédure de l'expropriation pour cause d'utilité publique : je ne m'étais point avisé qu'une pareille application fût jamais possible. Et notez que je ne veux presque pas blâmer l'administration de pousser à ce point le goût de l'uniformité et de la décoration : cela plaît à l'esprit du temps, cela plaît aux Parisiens, encore plus aux provinciaux, qui viennent à Paris comme à l'Opéra. Cela étonne seulement quelques vieilles gens qui se contentaient de l'uniformité des poids et mesures, et qui se passeraient volontiers de l'uniformité des maisons, de celle des jardins, et surtout de celle des idées.

Section I.

Si j'avais à classer les brochures que j'ai lues, j'en ferais volontiers deux catégories : les unes qui s'occupent de régler la question d'Orient en général, et qui par conséquent entrent beaucoup dans l'utopie et dans la conjecture; les autres qui traitent seulement d'une question en particulier: non pas que la question particulière ne touche quelquefois à l'utopie, non pas non plus que l'utopie générale ne rencontre pas dans son essor la question particulière. Il y a cependant une différence entre ces nombreuses brochures, et la différence tient surtout, selon moi, au genre d'esprit différent des auteurs. Je ne cache pas que je préfère ceux qui traitent un détail à ceux qui traitent de l'ensemble, ceux qui parlent de quelque chose à ceux qui parlent de tout. Je serais très heureux assurément de croire que la question d'Orient peut avoir une solution générale et prochaine, et que l'Europe, par exemple, peut s'entendre unanimement pour saisir l'autorité en Orient, pour y installer un gouvernement collectif, pour y organiser une armée européenne et y créer un budget fédéral; mais je ne puis guère espérer un pareil accord. Comme l'esprit de division et de jalousie de l'Europe fait la grosse difficulté de la question d'Orient, proposer de résoudre cette question par l'accord de l'Europe, comme le fait M. Louis de Juvigny [3], c'est résoudre la question par la question. M. Louis de Baudicourt dit fort spirituellement [4] que le traité de 1856 fut un séquestre apposé sur l'empereur turc. La définition est juste, sauf un point important, c'est que le séquestrant n'a pas ôté l'administration au séquestré. M. Louis de Juvigny propose à l'Europe de réparer cette erreur et de prendre l'administration du séquestre. Cette proposition se rapproche de celle que faisait dans ce recueil, il y a quelques semaines, notre ami et notre collaborateur M. Xavier Raymond, qui demandait que l'Europe nommât à Constantinople une commission de gouvernement [5]. La proposition de M. Louis de Juvigny ne s'éloigne pas beaucoup non plus de l'idée de M. de Tchihatchef, qui croit que l'Europe doit se décider à occuper militairement la Turquie, et que l'armée d'occupation doit se composer de troupes empruntées à tous les états de l'Europe. J'examinerai plus tard le système de M. de Tchihatchef; je veux seulement remarquer en ce moment la rencontre qui se fait entre des esprits fort différents, entre l'utopie et la pratique. L'idée que la Turquie ne peut plus garder l'administration de ses affaires, l'idée qu'il faut la mettre en tutelle arrive à tout le monde : chacun a un nom particulier pour désigner cette tutelle. Dans M. Xavier Raymond, la tutelle est une commission de gouvernement; dans M. de Tchihatchef, c'est une armée d'occupation; dans M. Louis de Juvigny, c'est une sorte d'expropriation pour cause d'utilité publique.

J'ai voulu indiquer quelle était la conclusion du livre de M. Louis de Juvigny et ce qu'elle avait de pratique. Il y arrive du reste à travers je ne sais combien d'utopies plus ou moins aventureuses qui ont toutes cependant, quand on y regarde de près, quelque chose d'applicable ou même d'appliqué. Il y a de ce côté, entre ses considérations et ses conclusions, une sorte de disproportion. Ses considérations sont vastes, étendues, un peu confuses : c'est peut-être pourtant ce qu'il aime le mieux dans son ouvrage; ses conclusions sont judicieuses et vraies, mais elles diminuent beaucoup les considérations en les précisant : l'auteur arrive à la lumière par le brouillard. C'est le précepte d'Horace :

Non fumum de luce, sed ex fumo dare lucem.

Il est, par exemple, grand partisan de l'unité, et il ne veut rien moins que l'unité européenne. J'ai, quant à moi, une peur affreuse de l'unité européenne. Il y a des gens qui sont ravis à l'idée de se trouver citoyens d'un état de deux ou trois cent millions d'âmes : il me suffit de n'être déjà que le trente-six millionième citoyen de l'empire français; ma modestie ne va pas jusqu'à souhaiter de n'être plus qu'un trois cent millionième. Si même j'avais à choisir entre la condition de citoyen de la république de Saint-Marin, qui ne me paraît pas jusqu'ici avoir fait aucune démarche pour se rattacher à l'unité italienne, si, dis-je, j'avais à choisir entre la condition de citoyen de Saint-Marin et celle de citoyen de l'empire universel de l'Europe, je choisirais Saint-Marin. Que gagnons-nous à faire partie d'un tout immense? Craignons-nous que l'individu ne soit pas assez petit devant l'état?

« La civilisation européenne, dit M. de Juvigny» a passé par les mêmes phases chez tous les peuples de l'Occident. Quoique diversement développée, elle est cependant partout la même; elle a la même origine, et elle tend aux mêmes résultats. A l'heure du péril, elle retrouvera l'unité, qui est devenue une condition nécessaire du salut commun. L'instinct de la conservation surexcitera chez les peuples cette passion nouvelle qui les porte aujourd'hui à chercher dans une sorte de communauté politique des conditions plus élevées de bien-être, de dignité, de liberté [6]. » Je ne sais pas quel est le péril qui pourrait en ce moment exciter en Europe l'instinct de la conservation et nous pousser à chercher notre salut dans l'unité politique. L'Orient ne menace pas de nous envahir; c'est nous au contraire qui envahissons l'Orient. Abdérame n'est point à Poitiers; Charles-Martel au contraire est dans les Indes, en Chine, en Syrie, en Afrique, partout. Mais ce que je ne comprends pas surtout, c'est qu'on puisse penser que l'unité politique de l'Europe donnerait à chacun de nous en Europe plus de dignité et plus de liberté. Je crois tout le contraire. L'unité n'a jamais été favorable à la liberté, ni dans les temps anciens, ni dans les temps modernes. L'unité du monde romain a été le triomphe du despotisme, et n'a certes point été le triomphe de la dignité et de la liberté humaines. Quels temps que ceux où l'exil même ne donnait pas la liberté!

Ovide encourt la disgrâce d'Auguste : voilà le pauvre poète exilé en Scythie, à Tomes, dans un climat barbare; mais là même encore il est soumis à l'empereur, et ses *Tristes* sont la supplication d'un courtisan disgracié au lieu d'être la malédiction qu'un homme libre lance à ses persécuteurs. — Ovide était une âme faible! dites-vous. — Que vouliez-vous qu'il fît? Sur qui et sur quoi pouvait-il s'appuyer? Il trouvait Rome, l'empereur et le despotisme partout. Le monde était un.

Romanæ spatium est urbis et orbis idem.

De nos jours, et grâce à la diversité des états en Europe, si Ovide ne peut pas vivre à Rome, il vivra à Paris, ou à Londres, ou à Berlin, Il ne trouvera pas toujours et partout le bras de l'empereur levé sur sa tête : bonne condition pour la liberté humaine, meilleure encore pour la vérité. Sous l'empire romain, où dire et où écrire une vérité proscrite à Rome? Est-ce à Athènes ou à Antioche? est-ce à Carthage ou à Alexandrie? Tout est romain, et la vérité n'a pas d'asile dans le monde. De nos jours, la vérité qui n'est pas dite à Vienne est dite à Berlin, celle qui n'est pas dite à Paris est dite à Londres. La vérité est sûre d'avoir toujours quelque part un abri et un écho.

Le grand docteur et l'hiérophante de l'unité politique de l'Europe est, selon M. de Juvigny, Napoléon Ier: c'est lui qui a conçu cette grande idée et qui l'a voulu mettre en œuvre. Je ne veux pas d'autre argument que le nom de Napoléon Ier pour montrer combien l'unité de l'Europe est incompatible avec la liberté. J'accorde à M. de Juvigny que Napoléon Ier voulait faire de l'Europe un grand empire, un seul empire, qui eût été le sien, A-t-il réussi? Non, De quel prix avons-nous payé cette tentative? Au prix de deux invasions, au prix de haines et de craintes que nous trouvons encore vivaces en Europe après cinquante ans, et qui sont la plus grande difficulté de notre politique. Après Napoléon Ier, la sainte-alliance a voulu aussi établir l'unité politique de l'Europe, et M. de Juvigny rappelle que, lorsque Napoléon apprit à Sainte-Hélène la fondation de la sainte-alliance, il s'écria : « C'est une idée qu'on m'a volée, » Peu m'importe que la sainte-alliance fût un plagiat ou une invention nouvelle : elle n'a pas réussi, elle n'a pas créé l'unité de l'Europe, et il faut s'en applaudir, car, tout paternel et tout bénin qu'était le despotisme de la sainte-alliance, c'était encore le despotisme. L'unité politique de l'Europe, de quelque manière qu'elle soit organisée, ne peut être que le despotisme. Je défie un parlement universel européen d'être libre huit jours : il sera esclave ou tyran; il aboutira à être le comité d'enregistrement d'un dictateur ou une convention ; il ira à l'anarchie ou à l'empire. L'unité de l'Europe ne se fera point parlementairement, elle ne vivra point parlementairement, M. de Juvigny peut en être sûr. Elle sera un despotisme plus ou moins dur, plus ou moins éclairé. Elle sera l'empire que voulait Napoléon, elle ne peut pas être autre chose. J'aime mieux la vieille doctrine de l'équilibre européen et la non moins vieille doctrine de la liberté garantie par des lois que chacun doit défendre, parce qu'elles ont pour objet de défendre chacun.

Est-ce à dire que dans mon goût pour la diversité et pour l'indépendance des états et des personnes, je réprouve en Europe toutes les sortes d'unités, et que je vise au morcellement et à l'isolement universel? Il s'en faut bien. Il y a une unité européenne que j'aime, que je bénis et que je vois se faire chaque jour avec grand plaisir; il y a une unité que je crains et que je répudie. L'unité que j'aime est l'unité morale; celle que je redoute est l'unité politique.

Tout travaille à l'unité morale de l'Europe, la matière et l'esprit, les chemins de fer, l'électricité télégraphique, la presse, la circulation des idées, la tolérance religieuse. Les différences nationales s'effacent, les ressemblances s'accroissent; l'Europe devient une par l'esprit, par l'intelligence, par le langage, malgré la diversité des langues, qui est bien plus grande que celle des styles. Nous pensons, nous sentons, nous discutons, nous bâtissons, nous nous logeons, nous nous habillons en Européens plutôt qu'en Français ou en Anglais, en Espagnols ou en Allemands. Les costumes nationaux ne servent plus que les jours de bals déguisés; la couleur locale s'en va. Les peintres et les poètes peuvent s'en plaindre; le moraliste et le publiciste peuvent s'en féliciter, si le nivellement des âmes ne se fait pas par un abaissement continu, si, en cessant d'être des indigènes, nous ne cessons pas d'être des hommes.

J'aime donc l'unité morale de l'Europe, celle qui se fait tous les jours; mais qui ne comprend pas que cette unité morale de l'Europe nous dispense fort heureusement de l'unité politique? Je crois volontiers à la puissance des moyens administratifs ; je pense cependant qu'un chemin de fer est, pour abolir les différences qui séparent un pays d'un autre, bien plus efficace qu'une conquête et deux ou trois préfets installés dans des chefs-lieux de département. Que veulent après tout les partisans de l'unité européenne, et M. Louis de Juvigny en particulier? Est-ce d'obtenir pour chacun de nous, comme il le dit, plus de bien-être, plus de dignité, plus de liberté? Ce n'est pas l'unité politique qui donne cela aux habitants d'un pays, souvent même elle le leur ôte. Elle ne fait rien pour le bien-être, à moins qu'on ne prenne pour un bien-être le plaisir d'être administré uniformément du nord au midi, de l'est à l'ouest, et de voir la diversité des climats et des habitudes reculer respectueusement devant l'impérieuse égalité des circulaires préfectorales. Une usine florissante, un chemin de fer ouvert, font plus pour le bien-être d'un pays que toute la science administrative. L'unité politique augmente-t-elle la dignité des citoyens d'un pays? L'histoire a prononcé qu'il y avait plus de dignité dans l'Athénien, qui était membre d'une petite république, que dans le Perse, qui était un des innombrables sujets du grand roi. La dignité des nations se pèse et ne se compte pas. La Hollande au XVIe siècle, créant à la fois sa patrie et son sol, avait plus de dignité que l'Espagne avec son immense empire et ses innombrables sujets. Je ne veux point parler de la liberté politique. La liberté politique, étant le droit et le moyen de témoigner de la diversité instinctive de nos sentiments et de nos opinions, exclut pour ainsi dire l'unité, de même aussi que l'unité exclut la liberté politique. Ce qui trompe sur ce point beaucoup de personnes, c'est l'exemple de la révolution française. On croit que la révolution de 89 a fait l'unité de la France : cette unité était faite par l'administration de nos rois; la révolution l'a seulement proclamée. Cette unité s'est maintenue et s'est même trouvée compatible avec la liberté politique pendant trente ans, de 1814 à 1848, parce qu'en France, grâce à Dieu, il y a entre nous plus de points de conciliation que de points d'opposition. C'est à cause de cette heureuse disposition de nos esprits que l'unité politique de la France n'a pas, pendant trente ans au moins, exclu la liberté politique, ou que la liberté n'a pas exclu l'unité. Encore je sais beaucoup de personnes qui croient que si la France n'a eu que des moments de liberté politique, au lieu d'en faire sa vie et son histoire quotidienne, cela tient à la prépondérance de l'unité en France, non pas de l'unité politique et nationale, mais de l'unité administrative et de la centralisation. La centralisation est l'excès et le danger de l'unité politique. S'il y avait en France encore plus de bon sens qu'il n'y en a et un peu moins de logique, nous aurions compris qu'ayant beaucoup d'unité politique, il fallait peu de centralisation. La logique l'a emporté, et comme nous avions le bonheur d'avoir une patrie essentiellement une et commune, nous avons voulu aussi le bonheur d'avoir une administration centralisée. Il fallait se contenter de la gloire d'être une patrie et ne pas prétendre à l'honneur d'être un bureau.

Si je voulais, pour réfuter M. de Juvigny, opposer théorie à théorie, je dirais volontiers que l'histoire montre partout la fatale erreur des peuples et des pays qui ont préféré l'unité politique à l'unité morale. L'unité morale comporte tous les rapprochementts qui font de l'humanité une véritable société. L'unité politique n'a de plus que le despotisme. Ç'a été une belle chose, je le veux bien, que l'unité morale du monde ancien, quand, selon la parole de Bossuet, « tout l'univers vivait en paix sous la puissance d'Auguste et que Jésus-Christ venait au monde; » mais le despotisme, c'est-à-dire l'unité politique, a gâté cette unité morale. Ne croyez pas d'ailleurs que l'unité morale soit moins capable que l'unité politique de faire de grandes choses. Y a-t-il par exemple dans l'histoire un plus grand morcellement que celui de l'Europe au moyen âge? Morcellement des états européens, et dans ces états mêmes morcellement du pouvoir et du territoire par la féodalité. Eh bien! comme le christianisme et l'église créaient, en dépit de ce morcellement, une grande unité morale, l'Europe du moyen âge a fait les croisades. Au commencement de ce siècle, l'Allemagne a fait un grand et glorieux effort pour recouvrer son indépendance : est-ce à l'aide de l'unité politique? Est-ce en opposant un grand empire allemand à l'empire français? Non, l'unité morale a suffi pour lui donner la force de vaincre en 1813 et en 1814. En 1848, elle a voulu pousser l'unité morale jusqu'à l'unité politique : elle a échoué. Il est vrai qu'elle voulait alors créer l'unité politique par la liberté et un parlement. Les moyens par conséquent contrariaient la fin. L'unité politique ne se fait que par le despotisme et pour le despotisme.

On voit que l'unité morale fait toutes les grandes choses qu'on croit que peut faire l'unité politique, et qu'elle les fait mieux. Ici que M. de Juvigny me permette de prendre un argument dans son ouvrage. Il veut que l'Europe s'empare de l'Orient, qu'elle le gouverne, qu'elle lui crée une armée européenne, qu'elle lui fasse un budget fédéral, et il a sans doute pensé que pour faire tout cela en Orient il fallait que l'Europe ne fût plus qu'une grande unité politique. La diversité des états et la discordance des intérêts s'opposent, selon lui, à ce que l'Europe gouverne l'Orient, si elle n'est pas gouvernée elle-même par un seul pouvoir. Je veux cependant essayer de montrer à M. de Juvigny que l'Europe n'a pas besoin de s'engloutir dans un seul et unique empire pour gouverner l'Orient, pour lui donner une armée et un budget, — qu'un pouvoir beaucoup moins imposant que le grand empire européen de l'avenir a fait cela de nos jours en Orient, que le grand empire européen ne le ferait pas, qu'enfin l'Europe, telle qu'elle est aujourd'hui et telle que M. de Juvigny nous la montre lui-même, peut faire cela si elle le veut, et que la civilisation occidentale n'a pas besoin, pour se répandre en Orient, de se servir de l'arme dangereuse du despotisme.

Quel est donc le pouvoir qui dans le XVIIIe et dans le XIXe siècle s'est emparé de l'Orient, lui a donné un gouvernement, une armée et un budget? C'est une simple association de marchands, la compagnie des Indes. Elle n'existe presque plus aujourd'hui. L'état britannique l'a absorbée. Est-ce un bien? est-ce un niai? Je n'ai point à examiner cette question. Ce que je sais seulement, c'est que la compagnie des Indes avait dans les Indes un empire de plus de cent millions d'âmes. Avait-elle dans ses commencements visé à une si grande fortune? Avait-elle voulu posséder et gouverner une grande partie de l'Orient? Non, ses commencements avaient été les plus humbles du monde. La compagnie des Indes n'avait voulu que faire le commerce, point autre chose; mais le commerce a besoin d'ordre, de sécurité : il lui avait fallu assurer la liberté de ses entreprises commerciales. Pour cela, elle avait pris quelques soldats, elle avait organisé une administration, elle était devenue un corps puissant dans un pays où tous les pouvoirs sociaux tombaient l'un après l'autre en dissolution. Alors tout lui était arrivé sans qu'elle cherchât rien. Elle avait pris malgré elle le gouvernement du pays, avait fait, malgré elle aussi, de grandes conquêtes. C'est un vrai prodige, dira-t-on; oui, mais un prodige comme il y en a beaucoup dans l'histoire de l'humanité, un prodige fait par les moyens les plus naturels, un prodige qui a mis du temps à l'être, et qui enfin, c'est le trait caractéristique des grands établissements dans l'histoire, a commencé par de très petits commencements. Nous ne faisons plus de ces prodiges, parce que peut-être nous mettons toute la force et toute la grandeur dans nos commencements; il ne nous reste plus que la petitesse pour suite et pour fin. J'aime à parler d'Athènes; c'était une petite république de dix mille citoyens, quelque chose comme Meaux, Coulommiers, Corbeil ou Melun. Son histoire est devenue l'histoire du monde civilisé. Commencez petitement, vous serez grands; commencez grandement, vous serez petits : telle est une des lois de la philosophie de l'histoire. Ce qui a fait la grandeur de la compagnie des Indes, c'est qu'elle a été un corps organisé dans une société désorganisée. Tout ce qui en Orient s'organisera d'européen, que ce soit une compagnie de chemin de fer ou de canal, que ce soit une armée ou que ce soit un atelier, a de grandes chances pour devenir maître du pays. Je ne veux certes point faire d'almanachs; mais si la compagnie de l'isthme de Suez parvenait enfin à accomplir sa grande et belle entreprise, et si, ce que je ne souhaite assurément pas, à mesure que la compagnie s'organiserait et se consoliderait, l'Egypte et la dynastie de Méhémet-Ali venaient à s'abâtardir, soyez sûr que la compagnie de l'isthme de Suez aurait de grandes chances de devenir maîtresse de l'Egypte, comme la compagnie des Indes est devenue maîtresse de l'Orient indien, et cela par l'irrésistible ascendant que les corps organisés exercent sur les atomes sociaux. Mettez un corps organisé, quel qu'il soit, au milieu d'une société qui se décompose et se défait, tous les atomes décomposés iront chercher autour de ce centre une nouvelle organisation. Autre hypothèse: si, l'Asie-Mineure continuant à être dans la main des Turcs, il s'y établissait nonobstant des chemins de fer, ce seraient les administrations de ces chemins de fer qui, au bout de quelque temps, seraient les maîtresses du pays et qui le gouverneraient. Ou la barbarie détruirait le chemin de fer, ou le chemin de fer détruirait la barbarie.

Je crois si peu aux avantages de l'unité politique de l'Europe pour gouverner l'Orient, que je suis persuadé que l'Europe, aussitôt qu'elle ne serait plus qu'un grand empire, ne ferait plus rien ni pour ni contre l'Orient. Les grands empires ne font rien que vivre, et c'est déjà pour eux assez difficile. Rome, depuis qu'elle a été un empire, n'a plus fait de conquêtes, sauf sous Trajan, et les conquêtes de Trajan ont été bien vite abandonnées par son successeur. Le despotisme pousse quelquefois les princes à la conquête, mais il les pousse aussi fort souvent à la jouissance et à la mollesse. Vous aurez beau dire au grand empereur de l'Europe que l'unité politique de l'Europe n'a été faite que pour conquérir et gouverner l'Orient, il vous répondra, s'il vous répond, car il n'a pas besoin, étant maître souverain, de répondre à personne, il vous répondra qu'il a bien autre chose à faire qu'à civiliser l'Orient. Il est très difficile de faire entrer dans la tête d'un despote une idée générale, c'est-à-dire une idée qui ne se rapporte pas à lui-même et à lui seul.

Il ne me reste plus qu'à montrer à M. de Juvigny que l'Europe, telle qu'elle est aujourd'hui et telle qu'il nous la représente, peut, si elle le veut, prendre en main le gouvernement de l'Orient, sans changer son unité morale en unité politique.

L'unité morale de l'Europe fait sa force contre l'Orient, et ce serait se tromper gravement que de prendre cette unité morale pour quelque chose de vague et d'indéterminé, et de croire qu'elle ne peut avoir ni résolution ni action commune. « Il y a, dit très bien M. de Juvigny, une souveraineté collective européenne qui n'est ni tout à fait organisée, ni absolument informe. C'est la tendance de notre époque de chercher à s'organiser; mais, quoiqu'on n'y soit pas encore parvenu, il est bien certain que les congrès européens, depuis 1814, se sont conduits absolument comme s'ils avaient été investis de cette souveraineté collective européenne que Napoléon avait revendiquée par les armes et qui lui fut arrachée par le même moyen [7]. » Voilà une de ces réflexions judicieuses que je préfère à beaucoup de grandes théories. Oui, il y a une souveraineté collective de l'Europe, et je n'en veux pas à cette souveraineté de n'être pas plus une et plus centralisée qu'elle ne l'est. J'aime jusqu'à ses timidités et à ses hésitations, parce qu'elles témoignent de l'indépendance des divers états qui forment la confédération européenne. Prenez cette confédération depuis seulement quarante ans : elle a beaucoup agi, elle a créé des états nouveaux en Europe, la Belgique, la Grèce, les Principautés-Unies du Danube; elle a fait le bien, elle a fait aussi le mal, quand elle a empêché la

Syrie de se rattacher à la vice-royauté d'Égypte, et qu'elle a rendu cette province à la Turquie, c'est-à-dire à l'anarchie. Elle est en train de réparer le mal qu'elle a fait à la Syrie, puisqu'elle a autorisé l'occupation française. La souveraineté fédérale de l'Europe s'est donc déjà exercée sur l'Orient sans s'assujettir pour cela à une plus grande unité que l'unité morale. Je suis même persuadé que chaque jour cette souveraineté européenne fera plus sentir son action en Orient. L'opinion publique l'y pousse en Europe, la nécessité des choses l'y appelle en Orient. Le vœu de M. de Juvigny est donc en train de s'exaucer par d'autres moyens que ceux qu'il indique, par des moyens plus simples et, selon moi, moins périlleux pour l'indépendance des états et des individus.

Section II.

Cette action que l'Europe est appelée à exercer sur l'Orient m'amène naturellement à la brochure de M. de Tchihatchef. M. de Tchihatchef a beaucoup de talent, et il a en outre deux qualités qu'il tient des deux emplois successifs qu'il a faits de son activité : il a été diplomate avant d'être voyageur en Orient. Comme diplomate, il a l'esprit pratique et tient grand compte des difficultés; comme voyageur, il est hardi et expéditif. Ces deux qualités du diplomate et du voyageur se combinent fort heureusement en M. de Tchihatchef et se fortifient l'une par l'autre. Où le diplomate hésiterait par ménagement pour les obstacles, le voyageur décide et trouve un expédient; où le voyageur serait disposé à aller trop vite et trop loin, le diplomate s'arrête et s'en tient à ce qui est possible selon la prudence.

M. de Tchihatchef, par exemple, pense, comme un grand nombre de bons esprits, qu'il est impossible que l'armée d'occupation quitte la Syrie; mais il n'en reste pas à cette difficulté, comme font beaucoup de personnes, promptes à voir les difficultés, timides ou lentes à chercher et à trouver les expédients. Il indique à la fois le mal et le remède avec un heureux mélange de hardiesse et de prudence : « Que fera, dit-il, l'armée libératrice de Syrie après s'être acquittée de sa tâche facile de châtiment et de pacification? Serait-il vrai que, conformément aux injonctions de la diplomatie, elle imitera l'exemple déplorable donné par les armées alliées de 1856, en se retirant courtoisement de la contrée qu'elle aura arrachée à l'extermination, et en chargeant du soin d'y maintenir l'ordre ceux même qui l'ont ensanglantée, ou qui n'ont pas eu le pouvoir de la protéger? Ou bien, tenant compte plutôt de l'opinion publique que des protocoles et procès-verbaux, l'armée européenne restera-t-elle en Syrie indéfiniment à titre d'occupation militaire? Quelles qu'aient été la fatale longanimité et l'aveugle déception de l'Europe, on n'a pas le droit de lui faire l'injure de croire que cette fois encore elle se condamnera à tourner pitoyablement dans le cercle vicieux où elle se meut depuis si longtemps. Évidemment, malgré toutes les formules de la diplomatie, l'armée française ne peut être qu'une armée d'occupation à terme indéfini, et dès lors elle ne saurait être considérée que comme l'avant-garde de l'armée réunie des puissances européennes, car non-seulement les principes de l'équilibre politique ne permettent point d'accorder à une puissance quelconque le monopole de la tutelle de l'empire ottoman, mais encore aucun souverain ne voudrait se charger d'une tâche aussi dispendieuse et d'une responsabilité aussi lourde [8]. » M. de Tchihatchef n'hésite donc pas à proposer l'occupation de l'empire ottoman. Il aimerait mieux sans doute le partage de cet empire, il croit même qu'il faudra en venir là tôt ou tard; mais, « bien que le partage de l'empire ottoman soit une de ces mesures inévitables par lesquelles on finit toujours, précisément parce qu'on avait oublié de commencer par là [9], » l'auteur ne pense pas que l'Europe puisse se livrer en ce moment «.à une opération si compliquée. » Le partage n'étant pas faisable, reste l'occupation, « mesure moins violente, et qui aura le grand avantage, non-seulement de rendre le partage définitif plus inévitable et plus régulier, mais encore de donner aux puissances européennes la facilité de le consommer à une époque plus opportune [10]. » Autre avantage encore de l'occupation militaire de l'Orient par l'Europe, car, avant de faire mes objections au système de M. de Tchihatchef, je dois l'exposer tout entier : « le jour où une grande confédération militaire se chargera de la conservation de la Turquie et l'acceptera pour ainsi dire en dépôt, la position des puissances européennes vis-à-vis de l'empire ottoman devient identique et exclut toute possibilité de réaliser à l'égard de cet empire certaines aspirations ou certaines convoitises qu'à tort ou à raison on attribue à quelques-unes d'entre elles. Que le malade expire entre les mains de la consultation qui se serre autour de son lit, ou qu'il continue pendant quelque temps encore à conserver les symptômes d'une vie artificielle, dans l'un comme dans l'autre cas tous les héritiers présomptifs sont réunis autour de lui, soit pour régler l'héritage, soit pour exercer en commun les fonctions de garde-malade [11]. » J'aime beaucoup, je ne le cache pas, l'esprit et le style vif, spirituel et décidé de M. de Tchihatchef ; il y a cependant un point qui me gâte son système et qui m'empêche de m'y laisser aller : c'est le dénoûment non caché et fort désiré de ce système, c'est-à-dire le partage de l'empire ottoman.

Je n'ai jamais pu me prêter à l'idée du partage de l'empire ottoman, et cela à cause des partageants et des partagés : à cause des partageants, car ce partage détruit entièrement l'équilibre de l'Europe. Il doit profiter aux états contigus et nuire aux états éloignés. La Russie et l'Autriche s'agrandiront; la Prusse n'aura rien, la France non plus, à moins qu'on ne nous donne notre dédommagement en Afrique, ce qui est une charge, ou sur les bords du Rhin, ce qui est une guerre européenne. L'Angleterre, grâce à sa marine, qui lui fait une contiguïté universelle, aura sa part, n'en doutons pas; et l'Espagne, qu'aura-t-elle? et l'Italie, si elle devient un grand état, qu'aura-t-elle? Elle a sur l'Orient les droits de la proximité; elle a l'héritage des droits de Gênes et de Venise; elle a l'ambition, et déjà même elle a une querelle avec la Turquie. Personne ne peut s'imaginer ce que sera l'Europe qui sortira du partage de l'empire ottoman, quels seront les forts, quels seront les faibles. Ce que personne ne peut contester, c'est que l'équilibre actuel de l'Europe sera renversé.

Je repousse donc le partage à cause des partageants, mais je le repousse encore plus à cause des partagés : et notez que les partagés pour moi, ce ne sont pas les Turcs, ce sont les populations chrétiennes. Ce sont elles dont je revendique les droits. Les Turcs en Orient sont le passé, et le passé mort; mais les populations chrétiennes sont l'avenir. C'est cet avenir qu'il me parait affreux de sacrifier à l'ambition européenne. — Prenez garde, me dit-on de l'autre côté de la Manche : quand vous prenez si lestement votre parti de la destruction de la Turquie, vous faites, sans le vouloir, les affaires de la Russie. Si les Turcs ne sont plus, les populations chrétiennes ne sont pas encore. Il n'y a que les Russes qui existent.

Ecarter les Turcs, c'est appeler les Russes : choisissez donc entre les Russes et les Turcs. — Eh quoi? sommes-nous forcés de choisir? N'y a-t-il donc pour l'Orient d'autre condition que d'être Turc ou Russe? Je n'accepte pas un pareil dilemme, je ne me laisse pas placer dans un pareil étau. Il y a en Orient des populations chrétiennes qui n'ont jamais quitté ni leur patrie ni leur foi; pourquoi ne s'appartiendraient-elles pas? Pourquoi ne recouvreraient-elles pas leur indépendance? Je lisais dernièrement dans le *New Quarterly Review* un article fort curieux qui, comparant l'état social et politique de la Turquie avec l'état politique et social de la Russie, préférait hardiment les Turcs aux Russes, et concluait en demandant à l'Europe qui elle préférait pour maîtres de l'Orient, les Turcs ou les Russes. Je réponds sans hésiter : Ni les uns ni les autres.

Ni les Turcs ni les Russes! Pourquoi ne serait-ce pas la maxime d'état de l'Europe dans la question d'Orient? Ni les Turcs, parce qu'ils ne peuvent plus ni gouverner ni administrer ce qu'ils possèdent, ni les Russes, parce qu'il ne faut pas que l'Orient chrétien ne fasse que changer de despotisme, parce que les populations de l'Orient chrétien ont droit de posséder la terre qu'elles cultivent, la terre de leurs ancêtres, parce que le principe de la nationalité, s'il doit prévaloir quelque part, doit prévaloir surtout en Orient. Jetez donc enfin, jetez à terre ces cruelles tenailles à l'aide desquelles la vieille politique étranglait inhumainement l'avenir de l'Orient, quand elle soutenait qu'il n'y avait en Orient que les Russes pour remplacer les Turcs, et qu'il fallait perpétuer le malheur de l'Orient pour éviter le danger de l'Europe. Non, il y a en Orient autre chose que les Russes pour remplacer les Turcs : il y a les chrétiens d'Orient. Quand donc l'Europe diplomatique comprendra-t-elle que la plus sûre manière de ne pas avoir la Russie à Constantinople, c'est de n'y pas laisser un cadavre qui semble provoquer la convoitise du fossoyeur, mais d'y mettre ou plutôt de laisser s'y mettre un corps vivant et animé, de laisser s'y mettre la vie, celle qui est dans le pays, celle du christianisme oriental? — Mais qui défendra cette Constantinople chrétienne, faible comme un enfant qui vient de naître? — Eh! qui donc défend cette Constantinople musulmane, faible comme un vieillard qui va mourir? Je ne puis pas comprendre pourquoi l'Europe trouve plus difficile de garantir un berceau que de garantir un cercueil.

Comme j'ai reproché à M. de Juvigny le goût qu'il a pour les théories, j'aurais mauvaise grâce à faire à mon tour des théories historiques et politiques. Il m'est impossible cependant de ne pas faire quelques remarques de géographie et d'histoire, afin de montrer que si je m'intéresse aux populations chrétiennes de l'Orient, si je les souhaite indépendantes de la Turquie et de la Russie, ce n'est pas de ma part sentimentalité toute pure.

Il y a des personnes qui paraissent croire que la question d'Orient n'existe que de nos jours. C'est une grande erreur : la question d'Orient n'est pas de notre temps seulement, elle est de tous les temps, elle est dans la nature des choses. Il suffit de jeter les yeux sur la carte pour voir qu'il y a une partie de l'Asie et de l'Europe, j'allais dire aussi une partie de l'Afrique, qui sont liées l'une à l'autre par la géographie. Prenez l'Europe depuis la pointe méridionale du Péloponèse, et remontez au nord à travers l'Archipel, l'Hellespont, la mer de Marmara, le Bosphore, la Mer-Noire et la mer d'Azof; suivez la côte européenne : toutes les eaux vont à l'est et au sud, toutes les pentes regardent l'Asie. Toute cette Europe est moitié dans l'Asie, soit que vous considériez son histoire, son climat ou son commerce. C'est du côté de l'Asie que sont tous ses penchants naturels. Maintenant prenez l'Asie depuis la pointe la plus occidentale du Caucase, et descendez au sud-ouest à travers la mer d'Azof, la Mer-Noire, le Bosphore, la mer de Marmara, l'Hellespont, l'Archipel et la mer de Syrie ; suivez la côte de l'Asie : toutes les eaux vont à l'ouest et au nord, toutes les pentes regardent l'Europe. Toute cette Asie-Mineure est moitié dans l'Europe, soit que vous considériez son histoire, son climat ou son commerce. C'est du côté de l'Europe que sont tous ses penchants naturels. Prenez l'Egypte elle-même; son fleuve la conduit vers l'Europe, son histoire l'y rattache depuis l'antiquité jusqu'à nos jours. Suivez la côte de l'est à l'ouest et arrivez dans l'Afrique septentrionale : même penchant géographique vers l'Europe, mêmes rapports et mêmes liens historiques.

Cette Europe moitié asiatique et cette Asie moitié européenne sont le théâtre naturel de la question d'Orient. C'est là que de tout temps se sont rencontrés les deux mondes différents, celui de l'Orient et celui de l'Occident; c'est là qu'ils ont lutté l'un contre

24

l'autre, c'est là aussi qu'ils se sont rapprochés et unis, c'est là que sont nés et que se sont développés les peuples destinés à servir de liens entre les deux mondes, les Grecs, les Slaves, les Arméniens, races souples et habiles dont l'indépendance et la prospérité sont nécessaires à la paix du monde. Quand ces races intermédiaires entre l'Orient et l'Occident fleurissent, heureuses et libres, dans ces contrées, intermédiaires aussi entre l'Orient et l'Occident, pour lesquelles Dieu les a faites, ou qu'il a faites pour elles, alors les deux mondes se rapprochent et s'unissent au lieu de se heurter, alors il n'y a pas de question d'Orient. Tel a été l'état du monde ancien depuis Alexandre jusqu'à Mahomet. L'Europe asiatique et l'Asie européenne appartenaient à une des races intermédiaires, à la race grecque, bien plus européenne qu'asiatique, grâce à Dieu, assez asiatique cependant pour pouvoir posséder l'Orient, sans que cette domination soit un contre-sens et par conséquent quelque chose d'éphémère. Jusqu'à Mahomet, la civilisation européenne, plus ou moins bien associée et unie à la civilisation orientale, a régné sans opposition et sans révolte dans les contrées intermédiaires. Ce n'est qu'avec Mahomet que l'extrême Orient a commencé à prendre sa revanche. Les Arabes se sont avancés d'une part jusqu'au Bosphore, et de l'autre jusqu'à Poitiers. L'affaiblissement de l'empire grec a fait alors renaître la question d'Orient, amortie depuis plus de mille ans. Les races intermédiaires s'effacent, les races contraires sont aux prises. Aux invasions de l'islamisme répondent les croisades. De même que le mahométisme, avant sa défaite à Poitiers (732), avait mis l'Europe en danger, les croisades mettent aussi un instant l'Orient en danger; mais les croisades ne sont qu'un échec passager à l'ascendant que l'Orient, depuis Mahomet, est en train de prendre sur l'Occident. Les Turcs succèdent aux Arabes, et ces nouveaux champions de l'Orient, plus barbares que leurs devanciers, semblent menacer l'Occident d'une invasion plus terrible que celle qu'a repoussée Charles-Martel. C'est alors que le péril continuel de l'Europe fait de la question d'Orient un mystère redoutable. Toutes les races intermédiaires, toutes les populations chrétiennes de l'Europe orientale et de l'Asie-Mineure, les Grecs, les Slaves, les Roumains, les Arméniens, sont vaincues, écrasées, opprimées, et l'Europe, pour n'avoir pas voulu les secourir contre les Turcs au XVe et au XVIe siècle, se voit assaillie jusqu'au milieu de l'Allemagne. La servitude des races et des contrées intermédiaires fait le péril et la terreur de l'Europe, jusqu'à ce qu'enfin, par une nouvelle révolution d'événements, les Turcs s'affaiblissent, s'énervent, et arrivent à l'état où nous les voyons.

Alors, chose curieuse, leur faiblesse cause à l'Europe des embarras et un péril presque aussi grands que ceux qu'avait causés leur puissance. Les périls de l'Europe, aux XVe XVIe et XVIIe siècles, étaient venus de l'abandon qu'elle avait fait des populations intermédiaires ; ses embarras, au XIXe siècle, lui viennent aussi de l'oubli qu'elle fait de ces populations. Elle ne veut pas leur donner en Orient la place qu'elles doivent y avoir; elle ne veut pas leur rendre leur patrimoine naturel, ou elle ne le leur rend qu'à moitié et de mauvaise grâce. De là l'embarras où elle est, ne voulant attribuera personne en Occident une succession qu'elle ne veut pas rendre à ses maîtres légitimes, à ceux qui ont attendu patiemment et fidèlement de la justice de Dieu le jour de la restitution. C'est un axiome de la diplomatie européenne que les Turcs sont excellents pour posséder inutilement le Bosphore, c'est-à-dire la plus forte position de l'Europe : grand mérite assurément, que les Turcs n'ont pas toujours eu et qu'ils n'ont plus. Ils ne l'avaient pas quand, au XVIe siècle, ils possédaient très hostilement pour l'Europe le Bosphore et Constantinople. Ils ne l'ont plus de nos jours, puisqu'ils ne peuvent pas défendre par eux-mêmes cette position qui ne leur sert pas. Il faut un certain degré de force pour posséder, même inutilement, une position redoutable. Ce degré de force manque aux Turcs. Les populations chrétiennes l'auraient. Elles posséderaient utilement pour elles, pacifiquement pour l'Europe, ce Bosphore que l'Europe a raison de ne pas vouloir livrer comme surcroît de puissance à ceux qui sont déjà forts, qui ne peut être bien confié qu'à ceux dont il fera toute la puissance, et qui n'en feront un péril pour l'Europe ni par leur ambition ni par leur faiblesse.

Que résulte-t-il de ces réflexions, si elles sont justes? Il en résulte que le secret de la question d'Orient est dans les populations intermédiaires de l'Europe asiatique et de l'Asie européenne, que là est le dénouement; que la nature et l'histoire ont placé entre les deux mondes d'Orient et d'Occident des populations destinées à amortir le choc et à ménager la transition ; que par conséquent la paix de l'Orient et de l'Occident dépend de l'état social et politique de ces populations intermédiaires; qu'il est nécessaire au repos du monde qu'elles aient leur place et leur rang, qu'elles soient indépendantes et prospères, parce que, le jour où elles sont opprimées et effacées, la lutte s'établit aussitôt entre l'Orient et l'Occident, qui se heurtent par leurs différences, au lieu de se rapprocher par leurs ressemblances.

Revenons à la proposition de M. de Tchihatchef d'occuper militairement la Turquie. Si l'occupation doit conduire au partage et le préparer, M. de Tchihatchef ne s'étonnera pas que je répugne singulièrement à cette proposition, puisque ce serait une fin de non-recevoir élevée d'avance contre l'indépendance des populations intermédiaires, un décret d'incapacité politique rendu d'avance contre les chrétiens d'Orient. Je sais bien que M. de Tchihatchef a un grand argument à faire valoir en faveur de l'occupation : elle est inévitable. Elle est en effet, je le crois, une nécessité en plusieurs endroits; mais elle devient un système quand elle est universelle. En Syrie, l'occupation était inévitable. Comment sans troupes européennes protéger les victimes et punir les meurtriers? La prolongation de cette occupation est inévitable aussi, à moins qu'on ne veuille que notre expédition de Syrie ressemble aux trêves de Dieu du moyen âge, c'est-à-dire qu'il y ait eu en l'année 1860 six mois de vie sauve pour les chrétiens, quitte à voir après recommencer les massacres. Mais toutes les contrées de l'Orient ne sont pas comme la Syrie : non pas que dans aucune des provinces de la Turquie je compte sur les Turcs pour faire la police et pour assurer la sécurité des chrétiens, les Turcs ne le peuvent pas et ne le veulent pas; je ne compte que sur les chrétiens eux-mêmes. Que l'Europe exige que le *hatt-humayoun* de 1856 soit enfin exécuté, que les chrétiens entrent dans l'armée, qu'il y ait des régiments et des officiers chrétiens: dès ce moment, l'Europe n'aura plus besoin de songer à une occupation militaire de l'empire turc. Il faut le dire franchement : le jour où l'Europe a permis à la porte de violer le *hatt-humayoun* de 1856, ce *hatt-humayoun dont la haute valeur avait été constatée* par le traité de Paris et qui était devenu un acte international, le jour où elle a toléré que le droit des chrétiens d'Orient d'être admis au service et aux grades militaires fût aboli, ou, ce qui est pis encore, remplacé par un impôt d'exonération obligatoire, ce jour-là, en désarmant les populations indigènes de l'Orient, elle a pris à sa charge la police de l'Orient; elle s'est obligée à l'occupation des provinces où les chrétiens désarmés seraient massacrés par les musulmans armés. La Syrie est le premier acte de cette occupation militaire que M. de Tchihatchef érige en système et qu'il recommande comme étant le meilleur acheminement au partage. Je ne veux point assurément le partage, qui ne serait qu'une seconde dépossession des chrétiens d'Orient; mais je dois reconnaître avec M. de Tchihatchef que l'occupation de l'empire turc devient inévitable, parce que les chrétiens sont désarmés, parce que l'Europe a permis à la Porte-Ottomane d'enfreindre sur ce point le traité de 1856. Cette infraction ne laisse d'autre garantie contre le massacre que l'insurrection des chrétiens d'Orient ou l'occupation européenne.

Section III.

Je viens de parler du traité de 1856 : il est curieux de voir le peu d'effet qu'il a produit en Orient et de comparer ce peu d'effet avec ce que M. Pitzipios en veut faire sortir dans son écrit intitulé : *La question d'Orient en 1860 ou la grande crise de l'empire byzantin*. Ce qui me frappe dans la théorie du prince Pitzipios, car je ne veux pas contester à M. Pitzipios le titre de prince qu'il a pris, je crois, depuis son dernier ouvrage, je ne suis pas membre de la commission du sceau des titres; ce qui me frappe, dis-je, dans sa théorie, c'est l'assurance et le sang-froid de l'écrivain. M. Pitzipios a l'air de croire que l'empire byzantin a toujours duré et dure encore. En 1453, il est vrai, une dynastie musulmane a remplacé une dynastie chrétienne, et les Turcs ont remplacé les Grecs dans le gouvernement et dans l'administration; mais le *hatt-humayoun* a été fait pour mettre un terme à cet état de choses et pour ramener les Grecs au pouvoir. La conséquence naturelle du *hatt-humayoun* aurait même été que le sultan se fît chrétien, et M. Le prince Pitzipios le lui avait proposé dans un de ses précédents ouvrages. A défaut du sultan chrétien, ce qu'il y aurait de mieux maintenant, ce serait que le sultan eût des ministres chrétiens et des troupes chrétiennes [12], et comme il est à craindre que le sultan ne mette pas beaucoup de bonne volonté à prendre un ministère chrétien et à organiser une armée chrétienne, il faut que l'Europe le veuille et l'ordonne [13]; sans cela, les massacres de Djeddah et de la Syrie seront toujours près de recommencer [14]. Je ne demande pas mieux, quant à moi, que de voir l'Europe prescrire à la Turquie la formation d'un ministère chrétien et d'une armée chrétienne; mais l'Europe, pendant qu'elle serait en train, ne ferait pas mal alors d'imposer aussi à la Turquie un prince chrétien. La révolution n'en serait pas beaucoup plus grosse.

On voit à quelles idées se rattache la théorie de M. Pitzipios sur l'empire byzantin.

Il y a là une idée toute grecque, celle de ne pas laisser les diverses parties de l'Orient se séparer les unes des autres, celle de faire un grand empire d'Orient. Athènes vise à être remplacée par Constantinople : c'est le Turin de l'Orient, Entre l'hellénisme d'Athènes et le byzantinisme de Constantinople, il y a bien des différences, et il pourrait y avoir bien des luttes. Cela n'empêche pas que les Grecs en général, ceux d'Athènes comme ceux de Constantinople, n'aient l'instinct et le désir de l'unité de l'Orient chrétien. Cet instinct et ce désir auront leur part dans l'avenir de l'Orient.

Il y a là d'un autre côté une idée qui est toute de notre temps et à laquelle cependant j'ai de la peine à me soumettre, l'idée de régler la question d'Orient d'une manière générale et définitive par un décret de l'Europe, par un grand congrès. Nous aimons les grandes solutions, celles surtout qui nous dispensent de tout effort individuel, celles qui ne nous laissent d'autre parti à prendre que celui de la soumission avec plus ou moins de murmures. Cela est vrai pour les individus, cela est vrai aussi pour les peuples. Il faut leur faire leur sort sans qu'ils s'en mêlent beaucoup, sinon pour voter ce qui est fait. Ajoutez à cela l'esprit de généralisation ou d'uniformité qui se prête si bien à la mollesse morale de notre temps. L'esprit bout encore, grâce à Dieu, en Europe; mais les caractères sont figés. Pourquoi, disons-nous, pourquoi laisser les diverses populations chrétiennes de l'Orient s'ouvrir péniblement leur voie dans l'avenir? Pourquoi ne pas leur créer tout de suite la destinée qu'elles doivent avoir? Cela vaut mieux pour elles, cela vaut mieux aussi pour l'utopie et pour la conjecture. Il est facile de prendre la carte de l'Orient, de faire un beau partage, d'assigner souverainement son lot à chacun, tandis qu'il est difficile, quand on veut laisser les peuples se faire eux-mêmes leur sort, de prévoir ce qu'ils feront, ce qu'ils voudront, les hommes qui sortiront de la foule, qui prendront rang, qui agiront sur les événements. Ne pas prévoir, ne pas prophétiser, grand désagrément pour l'esprit humain. Nous aimons tous à faire des almanachs. Quiconque ne fait pas des almanachs passe pour un petit esprit. Je ne suis donc pas étonné que dans les brochures que je viens de lire les solutions générales l'emportent sur les solutions particulières.

Ainsi le prince Pitzipios propose comme solution générale son empire byzantin; que l'Europe l'adopte, et le sort de l'Orient est fixé et réglé. L'empire grec d'avant 1453 est rétabli avec une dynastie musulmane ou chrétienne, rétabli plus puissant et plus actif qu'il n'était, mais toujours plus byzantin qu'hellénique, je le crains du moins, et je ne veux pas en ce moment exprimer mes craintes sous une autre forme. Comme M. Pitzipios est Grec et par conséquent plein de finesse et de sagacité, il est curieux de voir combien d'idées ingénieuses et combien d'idées justes il mêle à sa théorie pour la faire mieux accueillir. Et d'abord il sait bien qu'on ne peut pas fonder un état sur le Bosphore sans risquer de déplaire beaucoup à l'Angleterre. Aussi M. Pitzipios s'empresse de mettre son empire byzantin sous le patronage de l'Angleterre. Il prouve même que c'est un agent diplomatique de l'Angleterre en Orient qui a eu le premier l'idée de substituer un empire chrétien à l'empire turc. « Dès 1795, le chevalier Éton avait démontré, dit M. Pitzipios, dans un rapport au parlement anglais, qu'il était indispensable au grand avenir de l'Angleterre que la restauration inévitable de l'empire byzantin fût faite sous les auspices de la Grande-Bretagne, et que cette restauration ne saurait se faire que par l'élément des chrétiens indigènes de ce pays [15]. » Ainsi cette régénération de l'Orient par l'Orient lui-même, cette doctrine que croyaient avoir inventée quelques écrivains de ce côté-ci de la Manche, est une idée anglaise, et mille fois tant mieux, si son origine peut lui acquérir les sympathies de l'Angleterre, si, sachant bien qu'il n'y a rien de français dans cette régénération de l'Orient chrétien, l'Angleterre se corrige de sa prédilection pour les Turcs, si les arguments de M. Pitzipios lui font voir de bon œil la fondation d'un état maritime sur le Bosphore. J'en doute un peu, voyant la mauvaise humeur que l'Angleterre a constamment témoignée au royaume du roi

Othon, tout petit qu'il est, coupable seulement d'avoir une marine active et florissante. Je l'espère un peu, d'un autre côté, voyant la faveur toute particulière que l'Angleterre accorde à la création du royaume italien, qui ne peut être aussi qu'un royaume maritime. Il est vrai que ce royaume Italien est destiné, dans la pensée de ceux qui applaudissent à sa fondation, à nous ôter notre ascendant dans la Méditerranée occidentale. Aussi, loin de nous étonner de la faveur de l'Angleterre pour le royaume que la maison de Savoie est, dit-on, en train de fonder sur toutes les côtes de la Méditerranée, depuis le golfe de Gênes jusqu'au golfe de Tarente, et depuis le golfe de Tarente jusqu'aux bouches du Pô, nous nous souvenons que, dès le traité d'Utrecht, l'Angleterre voulait agrandir contre nous la maison de Savoie, et que dès ce moment elle lui donnait la Sicile. Il y a donc là une vieille tradition anglaise. Nous ne nous étonnerions que d'une seule chose, c'est que la France travaillât de tout son cœur à bâtir le mur contre lequel elle peut aller se heurter la tête. Que le mur se fasse sans nous, je n'ai rien à dire: mais qu'il se fasse par nous et que nous garantissions soigneusement les ouvriers contre toute chance de péril et de dérangement, cela me semblerait étrange, si je n'étais pas décidé depuis longtemps à ne plus m'émerveiller de rien.

J'ai dit comment M. Pitzipios espérait gagner les bonnes grâces de l'Angleterre pour son empire byzantin. Quant à la faveur de la France, il y compte si bien qu'il n'en parle même pas; il a raison : la France en Orient n'a pas un seul intérêt égoïste. Elle n'a intérêt qu'à voir l'Orient se rétablir et se restaurer lui-même, sous quelque forme que ce soit. Je n'hésite donc pas, pour ma part, à voter pour l'empire byzantin de M. Pitzipios, et je m'y sens attiré dès ce moment par l'utilité de voir les chrétiens d'Orient armés et enrégimentés même sous les drapeaux du grand-seigneur. Une fois qu'il y aura des régiments chrétiens en Orient, une fois que le *hatt-humayoun* de 1856 sera exécuté sur ce point, l'Europe sera dispensée d'envoyer ses régiments en Syrie ou ailleurs pour empêcher les chrétiens d'être massacrés. Le désarmement des chrétiens dans tout l'Orient, malgré les prescriptions du *hatt-hianayoun*, est, si l'on y regarde de près, la seule cause véritable des massacres de l'Arabie et du Liban. Si ce fatal et impolitique désarmement des chrétiens en Orient ne pouvait finir que par la difficile résurrection de l'empire byzantin de M. Pitzipios, cela m'affligerait; mais l'Europe, pour vouloir l'armement légal et régulier des chrétiens d'Orient, c'est-à-dire pour vouloir l'exécution du *hatt-humayoun*, n'a pas besoin d'aller jusqu'à la résurrection de l'empire byzantin. Il lui suffit de comprendre que l'armement des chrétiens est le meilleur moyen de la dispenser de l'occupation militaire de l'Orient. Encore une idée pratique à extraire des théories générales sur la question d'Orient.

J'ai parlé des écrivains qui proposent une solution générale: ceux-ci un grand empire chrétien, ceux-ci deux états, l'un chrétien, l'autre musulman; ceux-là une confédération d'états chrétiens. Je voudrais, avant de finir, dire un mot des écrits qui, au lieu de proposer un dénouement général, se contentent de traiter une question particulière. Je prendrai deux brochures courtes, mais fort bien faites, l'une intitulée : *Constantinople, ville libre*, par M. Dionyse Rattos. Je suis bien sûr que l'auteur connaît l'Orient et qu'il y a vécu, mais je ne suis pas sûr qu'il nous ait dit son nom. L'autre, intitulée : *Rome et Constantinople*, sans nom d'auteur, est écrite aussi par quelqu'un qui aime et connaît l'Orient, qui ne craint pas de faire des théories, mais qui les rapproche le plus qu'il peut de l'expérience pour les y appuyer.

Section IV.

M. Rattos, voyant que, toutes les fois qu'il s'est agi de prendre un parti sur l'Orient, tout a échoué parce que personne ne voulait donner Constantinople à personne, s'est fait de cette répugnance une règle et un principe. Il a changé l'embarras en expédient; il a fait de Constantinople une ville libre à l'instar de Francfort, de Brème ou de Hambourg, et je ne puis pas cacher à M. Rattos que de ce côté il m'a touché le cœur. Voilà donc enfin quelqu'un qui, de nos jours propose de créer un petit état, quelqu'un qui ne rêve pas unité et annexion, quelqu'un qui ne croit pas que les plus grosses gerbes et les plus gros faisceaux soient nécessairement les meilleurs. Du reste, M. Rattos comprend bien qu'une ville libre ne peut pas vivre seule; Cracovie n'a pas vécu longtemps entre les grands états qui l'entouraient. Quand une ville libre n'a que de très gros et très puissants voisins, ils l'appellent bien vite une ville anarchique, et sous ce prétexte ils lui ôtent son indépendance ; elle ne peut la conserver que si elle a près d'elle d'autres petits états qui lui servent d'exemples et d'autorités. Aussi M. Rattos propose de former une confédération dans l'Europe orientale; cette confédération se composerait du royaume hellénique agrandi, — des Principautés-Unies, — de la Servie, — de la Bosnie et de l'Hertzégovine érigés en états, — du Monténégro, — de la Bulgarie et de la Roumélie faisant deux états; en Asie-Mineure, il y aurait trois nouveaux états, une Arménie et deux états grecs, avec les îles de l'Archipel qui dépendent de l'Asie. Ce plan de confédération ressemble beaucoup à celui que propose M. Casati, et je demande pardon à ce dernier de n'avoir pas préféré son plan. Je dois avouer humblement que si je préfère celui de M. Rattos, c'est, je crois, parce que celui-ci fait encore de plus petits états que M. Casati. M. Casati étend son plan de confédération à la Syrie, à l'Égypte, aux régences d'Afrique. Il m'effraie. Je le vois malgré lui s'acheminer vers quelque grande unité. M. Rattos rentre plus dans mes goûts; il morcelle beaucoup l'Orient, il est vrai, mais ce n'est point par caprice et par esprit de système. Connaissant bien les contrées dont il veut régler le sort et sachant quelle est la diversité des nationalités dans la péninsule gréco-turque, il fait sa part à chacune. Avec ce respect scrupuleux des nationalités, M. Rattos a pensé sans doute que son plan réussirait aisément de nos jours, oïl le principe des nationalités paraît être en grande faveur. Je lui prédis cependant que son plan sera froidement accueilli : il n'y a rien là qui s'adresse à l'esprit d'annexion et d'unité, esprit qui s'est empressé d'arriver au jour pour faire concurrence au principe de la nationalité et pour l'asservir, sous prétexte de l'aider.

La brochure intitulée *Rome et Constantinople* tient à la fois des deux esprits qui ont inspiré les diverses publications que j'ai indiquées, l'esprit de théorie et l'esprit de pratique. Elle penche même plus, au premier coup d'œil, vers la théorie que vers la pratique. Tout ce que dit l'auteur du caractère européen plutôt que national de Rome et de Constantinople, de la destinée plutôt universelle que particulière qu'elles ont eue et qu'elles doivent avoir, tout cela me paraît vrai et élevé. Mais Rome, dit-on, ne doit plus être une ville universelle, elle ne doit plus être qu'une ville italienne, la capitale, il est vrai, de l'Italie, assujettie aux chances de force ou de faiblesse qu'aura l'Italie dans le monde. L'auteur a beau définir d'après l'histoire la destinée de Rome et de Constantinople, il a beau s'écrier éloquemment : « Qu'une nation ne vienne pas nous dire : Ces cités saintes, ces cités mères, je les confisque; elles n'appartiennent qu'à moi. — Non! cela n'est pas possible : nous avons reçu tous le droit de cité; nous le revendiquons. Ces villes sont le patrimoine du genre humain [16]. » Voilà de belles paroles et même des pensées fort justes; mais qui toucheront-elles? Ce qui empêche d'ailleurs qu'elles ne me touchent moi-même autant que je le voudrais, c'est que l'auteur, par je ne sais quel penchant d'opinion que je ne comprends pas bien, sépare l'universalité de Rome de l'universalité de la papauté. Il ne croit pas que la ville universelle ait besoin d'être le siège d'un gouvernement universel. Il lui attribue l'universalité au nom de l'histoire, c'est-à-dire au nom du passé, et il croit que les souvenirs suffisent pour créer à Rome une destinée universelle. J'ai des doutes sur ce point. Il y a longtemps que Rome ne serait plus une ville universelle, si Rome n'avait pas été le siège de la papauté, si son universalité religieuse n'avait pas perpétué son universalité politique, si le présent n'avait pas vivifié le passé. Faute d'un pouvoir universel siégeant dans ses murs, Jérusalem est restée avec ses souvenirs et ses ruines. Tel eût été le sort de Rome, si elle ne fût pas devenue la capitale du monde chrétien. La grandeur historique de Rome ne suffit pas à sa vie présente. Elle peut, en devenant la capitale de l'Italie, être une grande ville encore, si l'Italie est grande. Ce n'est pas cependant manquer de respect à l'avenir de l'Italie de dire que, quoi qu'il arrive, Rome décline en devenant la capitale d'un état après avoir été la capitale du monde. Elle ne régnait plus sur le monde politique, mais elle régnait sur le monde religieux, et cet empire n'était pas moins grand pour être moins tyrannique. J'espère ne pas être parmi les fétichistes du passé; je crois cependant que l'avenir aura fort à faire pour résoudre aussi bien que l'avait fait le passé le problème suivant : mettre à Rome un pouvoir qui soit universel sans avoir la force matérielle.

J'expose mes scrupules à l'auteur de la brochure de *Rome et Constantinople*. L'universalité de Rome n'a plus de cause et de droit, si Rome n'a plus la papauté. — Mais, dit l'auteur, je n'ôte pas le pape à Rome, je l'y laisse; seulement Rome ne sera plus l'état et la capitale du pape, elle sera toujours sa résidence. — Si le pape n'est plus que logé à Rome, qui vous dit qu'il voudra y rester? Vous reconnaissez que l'universalité de Rome tient à la présence du pape; mais vous ne prouvez pas que l'universalité du pape tient à sa résidence dans Rome. Il peut transporter partout ailleurs le caractère d'universalité qui tient à son pouvoir spirituel. Vous aurez beau décider, au nom de l'histoire, que Rome est une ville européenne et libre, qu'elle ne peut appartenir à personne [17] : cette ville ne peut avoir le caractère que vous voulez lui conserver de n'appartenir à personne que si elle appartient à la papauté. Otez-lui ce propriétaire mystérieux qui n'a ce qu'il possède que pour l'approprier à tout le monde, pourquoi Rome ne serait-elle pas à l'Italie? pourquoi ne serait-elle pas une capitale du quatrième ou du cinquième ordre? pourquoi ne serait-elle pas aux Romains et ne serait-elle pas une municipalité? Vous la donnez à l'Europe; mais que voulez-vous que l'Europe en fasse, une fois le pape sorti du Vatican? Rome n'a que des causes morales de grandeur, et c'est l'avenir seul qui décidera si ces causes morales de grandeur tiennent, oui ou non, à la présence du pape.

Je crains qu'en comparant Rome à Constantinople, l'auteur de la brochure n'ait été trop aisément séduit par la grandeur des deux noms rapprochés. La grandeur de Rome et celle de Constantinople ont des causes toutes différentes: Rome n'est qu'un sanctuaire, Constantinople est une grande position maritime et militaire. Le sultan peut quitter Constantinople ; nous sommes sûrs qu'il n'emportera avec lui aucune des causes de l'universalité de Constantinople. L'Europe peut donc décréter avec confiance que Constantinople sera une ville européenne et libre, qui n'appartient à personne : cette ville a une grandeur qu'elle est en mesure de garder tant qu'elle a son port et son Bosphore. Si l'Europe au contraire, enlevant au pape la souveraineté de Rome, la gardait pour elle-même, afin, dira-t-on, de conserver à la ville son caractère d'universalité, l'Europe, en faisant cela, ferait pièce à l'Italie sans profit pour Rome, sans profit pour personne. Ce que sera Rome sans le pape, mais avec l'Italie, l'avenir seul peut le savoir; mais ce que serait Rome sans le pape et sans l'Italie, tout le monde peut le savoir et le dire. Ce serait le musée de Versailles mal gardé et mal tenu.

J'en reviens à l'avis de M. Rattos : Constantinople peut sans inconvénient devenir une ville libre; elle a ses causes de vitalité qu'elle ne peut pas perdre, et si l'Europe veut faire sur le Bosphore une ville comme Brème et Hambourg, le génie du lieu suffira à la tâche et conservera à la cité son privilège d'universalité. Il y a une seule question que je veux faire à M. Rattos : il est tellement dans les habitudes de notre temps de tout attendra d'en haut que M. Rattos, se conformant à cet usage, n'a songé à s'adresser qu'à l'Europe pour faire décréter la liberté de Constantinople; c'est l'Europe en effet qui décidera en dernière instance de la destinée de cette ville. Elle ne peut pas se la faire toute seule, mais elle peut beaucoup y aider. Aux choses difficiles, l'Europe aime que la besogne soit commencée, parfois même achevée; elle est plus disposée à enregistrer qu'à entreprendre. M. Rattos connaît bien Constantinople; peut-il nous dire un peu ce qui arriverait si un jour, par impossible, le sultan tombait dans le Bosphore avec tous ses ministres et si la ville se trouvait tout à coup sans gouvernement? Les diverses communautés ou nations qui habitent Constantinople, la communauté grecque, la communauté franque, la communauté arménienne, seraient-elles en état de s'entendre pour créer une autorité municipale, pour maintenir l'ordre dans la ville, pour assurer la liberté et la sécurité du commerce? Sauraient-elles, laissant de côté les rivalités nationales qui doivent avoir moins d'importance dans une ville cosmopolite que partout ailleurs, se gouverner et s'administrer passablement? Sauraient-elles pendant quelque temps donner l'idée qu'elles peuvent se passer de maîtres? La tâche ne me semble pas après tout bien difficile, puisqu'il ne s'agit que de remplacer une administration turque. Si peu difficile que soit la tâche, il y faut cependant un esprit de bon accord ; il y faut des qualités qui rendent possibles la liberté et l'indépendance de Constantinople. Je suis, après le chevalier Éton, grand partisan de la régénération de l'Orient par l'Orient; mais pour moi cela veut dire que l'Orient fera lui-même les frais de sa destinée. Si l'Europe fait la destinée de l'Orient, elle la fera pour elle et non pour lui.

Notes.

1.   Les lecteurs de la Revue n'ont pas oublié l'excellent travail de M. Antonin Lefèvre Pontalis sur la Liberté individuelle, publié dans la livraison du 15 août dernier.

2.	La Syrie et l'Alliance russe, p. 30.

3.	L'Occident en Orient, Considérations sur la mission politique de l'Europe, par M. Louis de Juvigny.

4.	La France en Syrie.

5.	Voyez la Revue du 15 septembre et du 1er octobre.

6.	L'Occident en Orient, considérations sur la mission politique de l'Europe, p. 93.

7.	L'Occident en Orient, p. 167.

8.	Nouvelle Phase de la Question d'Orient, par M. de Tchihatchef, p. 13-14.

9.	Ibid., p. 15.

10.	Ibid., p. 15.

11.	Ibid., p. 29.

12.	Page 80.

13.	Page 132.

14.	Page 145.

15.	Page 117.

16.	Page 15.

17.	Page 25.

ISBN : 978-1984250117